AF226380

DE LA BERRURIÈRE DE SAINT-LAON

URBAIN-JULES-LÉON

CHEVALIER DE LA LÉGION D'HONNEUR, ANCIEN CAPITAINE D'ÉTAT-MAJOR,
MEMBRE DU CONSEIL D'ARRONDISSEMENT POUR LE CANTON DE MONTS-SUR-GUESNE,
MEMBRE DU CONSEIL MUNICIPAL DE LOUDUN,
PRÉSIDENT DE LA SOCIÉTÉ DE SECOURS MUTUELS DE LA VILLE DE LOUDUN.

**Né à Saint-Laon, canton de Loudun,
le 19 janvier 1793;
Mort à Loudun (Vienne),
le 29 janvier 1869.**

Dʳ LÉON DE LA TOURETTE.

*Un honnête et beau visage fait plaisir à voir;
l'histoire d'une belle vie retrempe le courage du
faible en lui faisant aimer le bien.*

PARIS

TYPOGRAPHIE DE HENRI PLON

IMPRIMEUR DE L'EMPEREUR

8, RUE GARANCIÈRE.

1869

DE LA BERRURIÈRE DE SAINT-LAON

URBAIN-JULES-LÉON,

Né à Saint-Laon, canton de Loudun,
LE 19 JANVIER 1793;

Mort à Loudun (Vienne),
LE 29 JANVIER 1869.

Au sortir des bancs de l'École de médecine de Paris, j'avais rêvé d'utiliser pour l'histoire de mon pays natal les matériaux de toute espèce que mon père, pendant plus de quarante années, a eu le bonheur de recueillir. — Hélas! ce travail plein d'attraits, je fus obligé de le suspendre presque à ses débuts : un sujet bien autrement intéressant pour l'avenir allait s'offrir à ma plume et à mes observations journalières.

Une révolution véritable fermentait dans la ville de Loudun; j'allais assister à sa naissance et en suivre pas à pas les surprenantes phases; son histoire devenait ma propriété sans partage.

Un malaise indescriptible se produisait dans la société loudunaise. Tout ce qui osait se montrer intelligent et jeune, chassé, traqué, abruti, allait s'effacer. — Les débris du passé, seuls debout, accélérant leur marche vers la tombe, devenaient ramollis, idiots, stupides, reniant le présent, écrasant l'avenir qui les maudira.

Singulier moment, en effet, dans l'histoire d'une ville, que celui où le régime ancien, ayant fait son temps, se cramponne vainement à la vie qui lui échappe; où le régime futur se cherche encore au milieu des obstacles qu'on amoncelle devant lui ; où traditions, mœurs, habitudes, tout s'écroule, l'affaiblissement cérébral dominant la position, l'entêtement devenant une faiblesse absurde, la bassesse impliquant l'improbité, l'improbité tous les vices et toutes les immoralités de la nature humaine.

Dans des moments semblables, la licence paraît devoir tout emporter avec elle, remplaçant les notions de justice, de droit, de devoir. Dans cette succession singulière, un pays doit nécessairement et infailliblement descendre toujours de plus bas en plus bas, une tristesse amère finissant par envahir toutes les classes de la société.

La prostration de l'intelligence dominant les événements comme les hommes, la stagnation de l'opinion publique enfante alors d'elle-même ce rien monotone, ce perpétuel rien « qui fait retomber le lendemain sur la veille, qui retombe toujours le même, comme la neige retombe sur la neige et amoncelle en silence un second suaire sur un premier linceul ».

On comprend alors comment les masses, étonnées de ce qu'elles voient et entendent, désillusionnées de tout ce qu'elles avaient coutume de respecter, arrivent forcément à ne plus comprendre ce qu'elles doivent croire, ce qu'elles peuvent encore espérer.

Si aujourd'hui j'ai acquis assez d'expérience pour savoir qu'on ne corrige pas les incorrigibles, je veux avoir au moins la satisfaction toute morale de dire la vérité, dût-elle ne profiter à personne.

Quand l'honnête homme ne peut ni empêcher le mal ni décourager la sottise, au moins en protestant il ne devient pas un complice.

Je n'ai jamais eu ni la prétention ni la force de barrer le courant ou de le contenir. J'admire ceux qui se donnent le titre de conservateurs ; les laissant se roidir et se fâcher inutilement contre le mouvement irrésistible, je les laisse jeter au monde, qui ne les écoute plus, d'inutiles admonestations ; je ris en les voyant réduits à chatouiller la fibre malsaine de leurs admirateurs intéressés. Natures désœuvrées, vieillies par l'abus, injustes sans raison, ingrates sans excuses, nécessairement elles doivent succomber dans la lutte, n'ayant jamais compris ce sentiment du devoir qui fait la force de tout être mâle et viril.

Que doit faire l'homme sage dans des moments pareils ? Se dire ceci :

« Comme je n'ai point de place à solliciter ni de prétentions à soutenir, que je ne souhaite rien qu'écouter », écoutons et regardons.

Aujourd'hui, afin de reposer mes yeux, détournons-les des vilaines choses qui les offusquent ; un honnête et beau visage fait plaisir à voir, l'histoire d'une belle vie retrempe le courage du faible en lui faisant aimer le bien.

Il n'y a pas encore un an, c'était le 9 avril 1868, la population loudunaise rendait les derniers honneurs à un compatriote digne en tous points de l'estime générale, M. Rivereau, qui fut sous-préfet de Loudun du 17 avril 1848 au 6 mai 1858.

J'ai retracé dans une courte notice la vie de cet administrateur, qui, sachant se mettre au-dessus de l'ingratitude et des lâches dénonciations, a toujours cherché à rendre service à ceux-là même dont il avait le plus à se plaindre. Ne l'avons-nous pas vu tous étendre courageusement une main protectrice sur des victimes désignées dans un moment de troubles politiques ?

Le jour où nous disions un éternel adieu à M. Rivereau, un autre Loudunais mourait, objet aussi lui d'un deuil public. Si M. Rivereau avait clos sa carrière bien remplie, M. Jules-Jean de la Berrurière de Saint-Laon avait à peine ébauché la sienne.

En parlant de M. Rivereau, j'ai dit quelques mots de M. de la Berrurière de Saint-Laon, mon camarade de collége. Lorsque j'ai pris la plume pour parler plus longuement de lui, devant la douleur poignante de son père, je suis resté silencieux, le courage m'a manqué.

Pauvre père! il avait perdu un fils bien-aimé; moi, un ami sincère; — le pays, un citoyen intelligent, riche, dévoué aux larges vues, d'un esprit droit et juste, dont la place était marquée au premier rang par ceux qui soupirent après de meilleurs jours.

Élève aimé d'Eugène Delacroix, musicien hors ligne, artiste accompli, M. Jules de Saint-Laon promettait de devenir aussi un administrateur d'un grand mérite. Maire de la commune de Saint-Laon, ses administrés, qui le pleurent encore, vous diront quelles sages améliorations il a introduites chez eux, et avec quelle courageuse abnégation et quel désintéressement il savait défendre leurs intérêts.

Destiné à continuer dans la société loudunaise ces traditions puisées dans une honorable famille, sa fortune et ses capacités l'auraient certainement assis à l'une de ces places qu'occupent aujourd'hui chez nous des ambitieux qui se montrent ouvertement sans souci de la prospérité de notre pays.

Hier un nouveau deuil frappait la famille de Saint-Laon. M. Jules de Saint-Laon s'était éteint un vendredi, le 10 avril 1868 ; M. de Saint-Laon père succombait aussi lui un vendredi, — le 29 janvier 1869, — victime d'une lente et cruelle maladie qui depuis bien des années le contraignait à mille précautions, à mille soins journaliers.

Père inconsolable, il est allé rejoindre son fils bien-aimé. Après l'avoir vu languir, gémir et pleurer, Dieu a eu enfin pitié de ce malheureux ; il l'a rappelé à lui, mettant un terme à ses cruelles épreuves sur cette terre.

Souffrant sans relâche d'un anthrax à la nuque qui m'enlevait repos et sommeil, me roidissant contre la douleur, j'ai voulu me mêler à la foule réunie pour rendre les derniers devoirs à celui qui fut le compagnon d'armes de mon aïeul maternel et de mon vieux père.

M. de Saint-Laon, pendant longtemps, me traita à l'égal de ses enfants ; maintes fois il remplaça ma famille à l'époque où j'étais au collége de Pont-Levoy avec son fils.

Plus tard, lorsque la mort, m'ayant marqué de son cachet fatal, pouvait me regarder comme une proie assurée, ne l'ai-je pas vu, ami de la maison, assister à ma lente agonie, la tristesse au front, les larmes aux yeux? et puis, lorsque la vie renaissait en moi, ne m'encourageait-il pas, le sourire aux lèvres, de bonnes paroles à la bouche, à persévérer dans l'espoir de la santé?

Tant de titres m'absoudront, je l'espère, près de ceux qui trouveront matière à critiquer dans ce travail que je vais essayer d'entreprendre, comme je le disais naguère pour un autre mort. C'est avec le cœur que j'écrirai ce qui va suivre, et on pardonne les écarts de l'esprit quand c'est le cœur qui parle.

M. Urbain-Jules-Léon de la Berrurière de Saint-Laon descendait d'une illustre famille.

Né le 19 janvier 1793 à Saint-Laon, département de la Vienne, arrondissement de Loudun.

A ceux qui recherchent les origines, on peut montrer dans l'église du village de Saint-Laon un monument funéraire portant le nom de messire Jacques de la Berrurière de Saint-Laon, écuyer, seigneur de Saint-Laon, fils de messire Jacques de la Berrurière de Saint-Laon, seigneur de la Motte-Desmé, mort le 5 décembre 1729.

M. de Saint-Laon, comme on l'appelait à Loudun, était issu du mariage de Louis-Urbain de la Berrurière de Saint-Laon, garde du corps du Roi, licencié à l'époque de la Révolution, et de la fille de Joseph Dufour, chevalier de Saint-Louis, colonel d'infanterie.

Entré à l'école de Saint-Cyr le 22 octobre 1810, M. de Saint-Laon n'avait qu'à suivre les traditions de sa famille pour faire son chemin dans la carrière des armes.

Ses états de services sont de véritables titres de noblesse ; je ne crois pouvoir mieux faire que de les copier ici textuellement.

Élève à l'école militaire de Saint-Cyr le 22 octobre 1810, M. de Saint-Laon est nommé deuxième lieutenant au 3ᵉ régiment d'artillerie à cheval le 10 août 1812 ; — premier lieutenant le 25 juin 1813, au 1ᵉʳ régiment de la même arme. — Le 3 juillet 1816, il passe avec son grade dans les hussards de la Moselle ; — le 7 mai 1817, lieutenant en second (capitaine de cavalerie) au 2ᵉ régiment de grenadiers à cheval de la garde royale. — Passé capitaine au corps royal d'état-major le 12 décembre 1818, — il reste dans son grade jusqu'au 12 mars 1819.

Comme services effectifs, trois années d'études préliminaires antérieures à la date du brevet de lieutenant dans les régiments accordé aux officiers d'artillerie sortis de l'école de Saint-Cyr, par décision du 3 mai 1816.

A fait les campagnes des années 1812-1813-1814, — grande armée de Russie, — Silésie, — Belgique.

Le 29 mai 1813, a reçu deux coups de sabre à Zwickau ; — prisonnier de guerre le même jour ; — chevalier de la Légion d'honneur le 2 novembre 1814.

La durée du service militaire a été de neuf ans onze mois un jour.

A côté de l'officier de mérite, on trouva toujours chez M. de Saint-Laon le soldat intrépide, l'homme de cœur.

Le 29 mai 1813, au combat de Zwickau, le 1ᵉʳ régiment d'artillerie, attaqué par des forces supérieures, battait en retraite, s'efforçant de gagner une position où il lui fût possible de résister à l'ennemi.

Le colonel commandant ce régiment, craignant de voir ses hommes massacrés et son matériel pris, ordonna à M. de Saint-Laon de gagner au plus vite un bois voisin de la route que l'on suivait, de s'y retrancher et d'attirer sur lui les assaillants, qu'il fallait à tout prix arrêter dans leur marche.

L'ordre fut ponctuellement exécuté. M. de Saint-Laon, attaqué de tous côtés, oppose une résistance désespérée ; les hommes qu'il commande sont écrasés par le nombre, tués, faits prisonniers ou dispersés ; lui-même, acculé à un caisson, décidé à vendre chèrement sa vie, le sabre au poing, il frappe et blesse tous ceux qui l'attaquent, tenant à distance ceux qui osent l'approcher. Cependant, à bout de forces, couvert de sang, bientôt il ne pourra plus parer les coups meurtriers qu'on lui porte, quand il est enfin traîtreusement mis hors de combat par un soldat qui, après s'être hissé derrière le caisson contre lequel s'abritait M. de Saint-Laon, lui porte deux terribles coups de sabre. Le premier lui avait presque séparé le bras gauche du tronc en lui coupant les attaches des muscles de l'épaule et de la partie supérieure de l'omoplate ; le second, en lui lésant profondément le muscle deltoïde du bras droit, lui avait rendu ce membre inerte. Dans ce moment suprême, un officier ennemi se jette au milieu des assaillants, fait du blessé son prisonnier et le prend sous sa protection.

Après le combat, M. de Saint-Laon est évacué sur Dresde [1], où il est placé dans un des grands hôpitaux, l'hospice des *Canaux*, je crois. Le chirurgien en chef de l'armée française, le baron Larrey, en faisant son inspection, examina le blessé, jugea l'ablation du bras gauche nécessaire et fixa l'opération au lendemain.

Le hasard amena dans la salle où se trouvait notre Loudunais un de ses amis, chirurgien-major au 1er régiment d'artillerie, qui, touché de pitié, le fit emporter dans son logement, lui céda son lit, et, à force de soins les plus touchants et les plus dévoués, fut assez heureux pour obtenir une guérison, en conservant à son blessé l'usage de ses deux bras.

La campagne finie, rentré en France, M. de Saint-Laon fit d'inutiles recherches pour retrouver celui auquel il devait de

---

[1] Où mon père, Jacques-Pierre-Gilles de la Tourette, chirurgien militaire, remplissait par intérim, à vingt et un ans, les fonctions de chirurgien en chef des camps.

n'être pas mutilé. Malheureusement ses recherches, maintes fois réitérées au ministère de la guerre même, restèrent sans résultat ; fait prisonnier ou tué dans un de ces combats où officiers comme soldats luttaient pour leur vie, le chirurgien du 1er régiment d'artillerie ne revit probablement jamais la patrie.

En temps de guerre, l'existence du soldat est constamment le jouet du hasard ; celle de M. de Saint-Laon fut riche en événements singuliers. Il en est un qui fut pour lui l'objet d'une surprise bien agréable ; il marquait un des beaux jours de sa vie, il aimait à le raconter.

On était en Allemagne en 1814. Le régiment de M. de Saint-Laon faisait partie d'un corps d'armée de vingt-cinq mille hommes. Dans le voisinage du camp, il existait un point stratégique important occupé par un moulin et une habitation. L'ennemi, qui s'y était retranché, s'y défendait avec succès. Depuis longtemps les attaques dirigées sur ce point avaient échoué. Il fut décidé que, pour en finir, un détachement du 27e régiment d'infanterie légère, appuyé d'une batterie d'artillerie, s'en emparerait.

Pour aborder l'ennemi, il était nécessaire de traverser un large ravin ; les soldats du 27e régiment d'infanterie légère, lancés au pas de charge, furent reçus par un feu plongeant des plus meurtriers. Sur le point de battre en retraite, ils furent sauvés par l'artillerie, dont le tir habilement dirigé délogea l'ennemi et le mit en fuite.

Les deux officiers qui avaient commandé cette expédition, harassés de fatigue, après avoir disposé leurs hommes afin de repousser l'ennemi, dans le cas où il aurait fait un retour offensif, se rencontrèrent dans une des chambres du moulin, où quelques bottes de paille leur permirent de se reposer.

Tous deux du même âge, tous les deux du même grade, ils firent bien vite connaissance, se félicitant mutuellement d'être sortis sains et saufs du combat. On parla de la France, des amis faisant partie de l'expédition.

— Croiriez-vous, se prit à dire l'officier d'artillerie, que, dans le corps d'armée auquel nous appartenons, il m'a été impossible de trouver un seul officier de ma connaissance?

— Pas possible! Allons donc! reprit en riant l'officier d'infanterie; mais vous êtes donc de la patrie du diable?

— Presque, puisque dans le pays où je suis né on a coutume de dire que nous sentons le fagot.

— Où est situé ce pays?

— Entre Poitiers et Angers.

— Tiens! mais alors nous sommes voisins, car je suis de Loudun.

— De Loudun! Vous vous appelez?

— Ovide Moreau.

— Et moi de Saint-Laon.

Le hasard venait de faire trouver à notre premier lieutenant d'artillerie ce compatriote dont il ignorait l'existence quelques heures auparavant et auquel il avait peut-être sauvé la vie.

Le plus singulier dans cette rencontre, c'est que le capitaine de M. Ovide Moreau, M. Thibault, était aussi un Loudunais. On l'envoya chercher; la reconnaissance fut des plus joyeuses et fêtée, grâce à l'ordonnance de M. Ovide Moreau, qui, maraudeur heureux, était parvenu à mettre la main sur un poulet qui fit les frais du festin.

Avant de se séparer, le capitaine Thibault, M. de Saint-Laon et M. Ovide Moreau se jurèrent une inaltérable amitié, se promettant de se tutoyer toujours.

Tous les trois ont revu la France, tous les trois sont morts à Loudun : M. Thibault avec le grade de major; il s'était fait banquier; M. Ovide Moreau, qui avait donné sa démission de capitaine le 21 février 1815, s'était établi bijoutier orfévre. Quant à M. de Saint-Laon, rentré au pays natal capitaine d'état-major, il s'y était marié et occupait l'un des premiers rangs dans la société loudunaise; ayant plus de loisirs que ses deux anciens camarades, il les visitait souvent et aimait à leur rappeler leur rencontre dans le moulin d'Allemagne.

Le 12 mars 1819, M. de Saint-Laon quitta définitivement le service militaire.

Habitant alternativement Saint-Laon et Loudun, — en 1820 il épousa mademoiselle Diotte de la Valette, fille d'un riche et notable propriétaire du pays loudunais.

Nommé membre du conseil municipal de la ville de Loudun, M. de Saint-Laon siégea pour la première fois dans cette assemblée le 24 août 1848, succédant à son beau-père, mort le 29 mai 1841.

Le 15 août 1852, le canton de Monts-sur-Guesne le porta au conseil d'arrondissement, où il est resté jusqu'en 1867. M. de Saint-Laon était à cette époque propriétaire du château de Monts, qu'il a donné depuis à son fils le plus jeune, M. Alfred de la Berrurière de Saint-Laon.

M. de Saint-Laon ne s'aventura jamais sur le terrain brûlant de la politique qu'après avoir sagement et mûrement réfléchi. Ses débuts dans la vie avaient été d'un sage enseignement ; aussi eut-il toujours le bon esprit de rester en dehors des agitations populaires, où l'honnête homme recueille si souvent l'ingratitude de ceux pour lesquels il s'est dévoué et l'abandon des masses qui ont un instant suivi ses conseils. Aussi, et par cette seule raison peut-être, M. de Saint-Laon se trouva-t-il dans un moment donné l'un des hommes qui purent se vanter d'être en possession de la plus sûre et de la plus honorable popularité ; et je ne crains pas de trouver ici un contradicteur en disant qu'il était le plus populaire de tous. A Loudun, on ne lui connaissait pas d'ennemis ; cela devait être : bienfaisant et sympathique par caractère comme par nature, il ignorait l'ingratitude ; car jamais il ne fit le bien dans l'espoir d'être payé de reconnaissance.

Se plaçant au-dessus de ces ambitions qui peuvent parfois satisfaire la sotte vanité d'un citoyen, jusqu'au jour où, le vide venant à se faire autour de lui, il s'aperçoit trop tard de la fragilité des choses humaines. Si les électeurs de Loudun et de Monts-sur-Guesne lui confièrent leur mandat, ni les uns ni les autres ne le virent briguer leurs suffrages. Dans la distinction dont il était l'objet, il ne vit qu'un moyen de se rendre utile. Il accepta et se montra toujours dévoué à la cause qu'on lui donnait à défendre, à soutenir.

Depuis 1848, tout le temps que M. de Saint-Laon put ravir à la gestion de sa fortune, il le consacra à des œuvres charitables. Il avait été nommé président d'une des deux sociétés philanthropiques de Loudun, celle connue sous le nom de Société de Saint-Laon.

A cette société établie par lui entre ouvriers de la ville et du canton de Loudun, il donna un règlement dont les préliminaires méritent d'être cités :

« *Être bon fils, bon époux, bon père et bon citoyen, c'est la base d'une bonne société.*

» Les ouvriers de Loudun, en se réunissant pour former une société, ont pour but d'établir entre eux des rapports de bienveillance et de solidarité matérielle et moralisatrice; de venir en aide à tout travailleur que les maladies ou les accidents mettent si souvent dans l'impossibilité de suffire à ses besoins: chaque sociétaire prend donc l'engagement formel de tenir à honneur la société dont il est membre. »

Grâce à une administration habile, cette société est devenue des plus prospères; son président, conciliant avant tout, a su annihiler chez elle ces causes qui sont presque partout un sujet de ruine, une source de difficultés mesquines ou d'exploitation. Étant le chef et l'âme de cette association envers et contre tous, il sut la rendre éminemment utile en la tenant toujours à un niveau auquel nous souhaitons sincèrement à son successeur de la maintenir.

Pendant que M. de Saint-Laon s'occupait de la société de secours mutuels, madame de Saint-Laon, comme présidente de la société de Saint-Vincent de Paul, secourait les misères du peuple de Loudun.

On le voit, si dans la maison de Saint-Laon le pauvre était toujours certain de trouver du secours, le riche était certain aussi de rencontrer une affable hospitalité dans ce salon où demeurait jadis le père du célèbre général Abdallah de Menou, seigneur de Basses, l'ami de Kléber en Égypte. Ce salon fut un des derniers qui soient restés ouverts aux fêtes. Il y a peu d'années encore, l'hiver, la société loudunaise y était conviée chaque dimanche.

A cette époque, nos voisins de Chinon, Saumur, Thouars, Poitiers, etc., etc., citaient notre ville comme un type de richesse et d'intelligence, où le luxe et le savoir-vivre formaient une heureuse alliance, où l'urbanité, l'esprit, l'affabilité, le bon goût, faisaient les frais de ces réunions recherchées et brillantes.

Ces fêtes si vantées, que sont-elles devenues? En 1869, un seul bal officiel forme le bilan de toute une saison. Du Loudun riche, joyeux et bienfaisant, que reste-t-il? Presque une légende.

M. de Saint-Laon était d'une haute stature (cinq pieds et onze pouces), d'une corpulence en harmonie avec sa taille; il se tenait droit, sans cette roideur affectée que l'on reproche souvent aux anciens militaires. D'un visage ouvert et sympathique, regardant toujours son homme en face, dans un salon comme dans la demeure de l'ouvrier, il savait bien vite mettre à l'aise celui auquel il s'adressait, alliant à une grande bienveillance une affabilité que rien n'était capable d'altérer.

Les membres de la société de secours mutuels dont M. de Saint-Laon avait été le président ont tenu à honneur de le porter eux-mêmes de sa maison à l'église, de l'église au cimetière.

Sur le cercueil brillaient les insignes du dernier grade que M. de Saint-Laon occupa sous les drapeaux : son sabre, sa croix de la Légion d'honneur, sa médaille de Sainte-Hélène.

Les coins du poéle étaient tenus par M. Doutreleau, lieutenant de gendarmerie; le commandant Croué, le commandant Chopelet, M. Balleyguier, ancien capitaine de zouaves, tous les quatre membres de la Légion d'honneur.

Derrière venait la famille, près de laquelle marchaient M. Duflos, sous-préfet de l'arrondissement; M. le président du tribunal de Loudun; M. Paul Béra, procureur impérial; les magistrats et les notables habitants du pays, enfin la foule de tous ceux qui de la ville et de la campagne étaient venus dire un dernier adieu à M. de Saint-Laon. Les deux sociétés philanthropiques au grand complet, les fermiers et serviteurs de la maison terminaient le cortége.

La compagnie des sapeurs-pompiers en grande tenue, les gendarmes du canton formaient la haie.

Pour cette triste cérémonie, l'église de Saint-Pierre, tendue de noir, se trouva pleine comme dans les grands jours.

Dans cet immense cortége, où était le conseil municipal de Loudun? où étaient les membres de la Légion d'honneur et les médaillés de Sainte-Hélène?...

Lorsque dans une ville comme Loudun la population tout entière, riches comme pauvres, artisans, ouvriers, commerçants, se donnent rendez-vous pour honorer une dernière fois, comme on le faisait dans cette circonstance, la mémoire d'un citoyen aimé et justement estimé, est-ce que la place des élus, comme des gloires de la cité, n'était pas derrière ce mort, leur collègue?...

J'aurais voulu voir derrière ce corps, au premier rang, en tête de ses conseillers, M. Nestor Nosereau, le doyen des maires du canton, blanchi et vieilli à la besogne. Puisque, de ses deux adjoints, l'un est mort depuis le 29 mars 1867 sans avoir été remplacé; puisque l'autre, encore sous l'influence d'une catastrophe terrible, est tout entier à sa douleur, pourquoi n'aurait-on pas vu de chaque côté de ce magistrat municipal ses deux plus vénérables conseillers, afin de montrer au moins à tous qu'à Loudun les grands sentiments sont encore restés le partage de ceux qui nous gouvernent?

Mais le conseil municipal de Loudun doit frémir en abordant l'asile des morts : cinq des siens sur vingt-deux sont déjà couchés dans la tombe!

J'ai été encore plus vivement étonné quand j'ai vu la foule silencieuse quitter le cimetière sans que personne eût pris la parole sur la tombe de M. de Saint-Laon. Et pourtant, quels magnifiques souvenirs à faire revivre! quel tribut de reconnaissance à payer, quel exemple à offrir à ceux devant lesquels on aurait évoqué les mânes du mort!

Probablement nos éloquents Loudunais gardent pour des occasions plus solennelles leurs grands mouvements oratoires. Il en est qui ont peut-être raison, en effet, de montrer une préférence toute spéciale pour les héros de l'antiquité. Avec eux, du moins, ils font le tour du monde, portés sur les ailes de la publicité, de cette publicité aux mille bouches qui de sa main toute-puissante grave les noms de ses élus d'une façon indélébile sur le livre d'or de l'immortalité.

En regagnant lentement ma demeure, sous l'influence de sombres idées qu'avait fait naître en moi cette longue cérémonie, involontairement je me suis pris à réfléchir aux vicissitudes et aux singularités d'ici-bas, songeant combien est vraie et sensée cette judicieuse remarque de Sterne : « Quand on voit mourir d'honnêtes gens et vivre d'indignes coquins, on sent toute la vérité de ce passage des psaumes : *Le Seigneur ne veut pas la mort du pécheur.* »

Loudun, 7 février 1869.

PARIS. — TYPOGRAPHIE DE HENRI PLON, IMPRIMEUR DE L'EMPEREUR, RUE GARANCIÈRE, 8.